AF359562

"la Gerbe"

La Vie, la Carrière, les Idées,
et Quelques Œuvres
d'Artistes enseignants
à l'École A·B·C de Dessin.

II

Préface de Max Gottschalk.
Texte de G. Normandy, Marcel
Roland, Émile Sedeyn, Octave
Galtier, Émile Dacier, Flamus,
Louis Gallié.
Illustrations de Renefer, Ahü
Louis Bailly, A. Raynolt, Malo
Renault, Perret-Carnot, Geo Roux.

Éditions "Atelier A.B.C"
12, Rue Lincoln, Champs-Elysées
·PARIS·

PRÉFACE
de la Deuxième " Gerbe "
par Max Gottschalk

Il y a environ deux ans, j'avais le grand plaisir de présenter aux souscripteurs de *la Gerbe* les excellents artistes qui constituaient à cette époque la phalange des professeurs de l'A. B. C., et de remercier les écrivains qui avaient bien voulu commenter les œuvres de ces artistes, permettant ainsi aux « abécistes » de pénétrer en quelque sorte dans l'intimité de leurs maîtres, de les mieux comprendre, de les apprécier davantage.

C'est avec la même joie que j'écris cette deuxième préface. Dans ce court délai de deux années l'importance de notre Ecole s'est trouvée tellement accrue que nous avons dû prier sept nouveaux artistes de donner à l'A. B. C. leur précieuse collaboration. Et, aujourd'hui comme alors, ce sont nos élèves eux-mêmes qui nous ont demandé avec insistance de créer cette nouvelle *Gerbe*, consacrée aux artistes professeurs derniers venus à l'A. B. C. Ceci montre bien que si le nombre des abécistes augmente chaque jour, les sentiments qui les animent restent toujours les mêmes et que, plus que jamais, l'A. B. C. est pour tous ses membres une belle et grande famille artistique.

Je ne vous priverai pas plus longtemps du plaisir d'admirer les œuvres des Renefer, Ahü, Bailly, Raynolt, Malo Renault, Perret-Carnot et Geo Roux, et de lire les lignes écrites sur ces artistes par Georges Normandy, Marcel Roland, Emile Sedeyn, Octave Galtier, Emile Dacier, Flamus et Louis Gallié, écrivains trop connus pour que j'aie besoin de les présenter, mais que je veux remercier ici très sincèrement.

Gerbe d'œuvres, gerbe de talents fortement unis par le symbolique lien de l'A. B. C., voici donc cette nouvelle plaquette qui continue et complète la précédente. Et je ne puis en terminant que formuler le vœu d'avoir à écrire — dans quelques années — une nouvelle préface..... pour une troisième Gerbe!

Max GOTTSCHALK.

RENEFER

par Georges Normandy

Renefer, par lui-même

J E suis la plus ancienne des mauvaises fréquentations de Raymond Renefer. Alors qu'il avait quatre ans — il est de deux ans mon aîné, — à Fécamp, dans ma maison natale, nous fracassions déjà, en collaboration, les garnitures de cheminées de mes auteurs. Nos pères avaient fait leurs études ensemble. Ingénieurs, ils voulaient, suivant les principes de l'époque, faire de nous des ingénieurs.

Loyalement, nous nous livrâmes, l'un et l'autre, à l'ivresse des mathématiques et de l'ajustage, mais l'Art... mais la Littérature...

Si j'allai plus loin que Renefer dans le crime, puisque j'exerçai pendant quelques années ma coupable industrie, nos destinées furent pourtant assez parallèles, conformément aux désirs de nos deux bons pères, mais elles le furent dans un plan autre que celui de la mécanique, de l'électricité, de la construction ou de la chimie !

Raymond n'avait point encore douze ans qu'il exécutait des dessins à la plume où je me plais à découvrir la genèse de son talent de graveur. Ni lui, ni moi, n'hésitâmes jamais sur le sens que devait avoir notre vie. La vocation était en nous.

Notre adolescence ! Qu'elle différa de celle de nos jeunes camarades d'aujourd'hui ! Et cependant la vie présente nous intéresse ; cependant nous ne sommes pas à l'âge où l'on célèbre, en radotant un peu, le « bon vieux temps » des manches à gigot. des cachemires de l'Inde, des redingotes olive et des jeux innocents !... Quels enthousiasmes incendiaires furent les nôtres ! Quelles fougueuses aspirations vers la Beauté et, Dieu me pardonne, vers la Gloire !... Nous étions punis pour avoir lu en classe. Verlaine, Samain ou Zola. Nos cadets le sont aussi, mais c'est pour avoir dévoré *l'Auto* ou consulté *la Cote de la Bourse*.

Combien de fois Renefer ne se joignit-il pas à deux ou trois camarades — parmi lesquels Charles Tisseyre, qui « tourna » encore plus mal que nous puisqu'il devint député, — pour parler d'art ou pour lire des vers jusqu'à une heure avancée de la nuit ! Quelles promenades toutes bruissantes de discussions esthétiques n'avons-nous pas faites, Renefer me reconduisant. moi le reconduisant ensuite, soit dans les campagnes, soit dans ce charmant Paris entourant le Champ de Mars où s'écoula toute sa jeunesse !

L'une de ces causeries me revient à l'esprit. Il était venu me voir à Neuilly où j'habitais alors. Nous remontâmes l'avenue de Neuilly, puis celle de la Grande-Armée. Nous étions joyeux. Songez donc ! *La Contemporaine*, revue alors publiée par l'éditeur Juven, venait de publier un article, en collaboration, que je consacrais à ce vaste sujet : *Les Temps héroïques de la Pologne et les romans de Sienkiévicz !* Ce travail, naturellement, était illustré par Renefer. Cela trônait à tous les étalages. Bien que nous ne fussions plus alors tout à fait inédits, ni l'un ni l'autre, l'importance de cette publication et le voisinage, au sommaire, de grands noms à côté des nôtres, remplissaient

nos cerveaux d'une rumeur glorieuse. Ah ! la joie des premiers petits succès !... Or, arrivés sous l'Arc de Triomphe, à l'endroit exact où le Soldat inconnu dort maintenant son éternel sommeil, je m'arrêtai (j'avais choisi ce lieu comme un symbole et comme un présage) et commençai à donner, non sans quelque solennité, à Raymond stupéfait une pièce de cinq francs, puis deux, puis trois. etc. Je lui remettais ainsi le prix de ses illustrations, touché dans la journée à la revue, après avoir eu l'enfantillage de le convertir intégralement en grosses pièces *d'argent...*

A ce trait, reconnaissez que « cela se passait en des temps très anciens » (1901). Le jeune artiste d'alors, l'artiste aujourd'hui très connu, était généralement comme moi assez désargenté à cette époque, mais il ne songeait pas à l'argent :

A Brest, pendant les régates

*

Sur le port des Sables-d'Olonne

c'était encore possible alors! Je reverrai toujours l'expression de son bon visage pendant qu'il recevait ainsi les premiers « ors » que lui rapportait son art.

Il descendit les Champs-Elysées, droit, quasi dominateur, ce timide! conscient de sa valeur et marchant dans un rêve. Quant à moi, j'arpentai l'avenue de la Grande-Armée plastronnant devant la foule et dressé dans ma gloire. Ah! jeunesse! Ah! le beau temps! De quelle miraculeuse bêtise est donc dotée l'adolescence! On devient plus intelligent après... mais c'est aux dépens du bonheur.

C'est peut-être parce que, depuis la guerre, les nouveaux venus sont intelligents, ou veulent l'être tout de suite, qu'ils ignoreront toujours des allégresses dont la fraîcheur, persistant à travers les années, parfume à jamais notre vie. Nous les plaignons. Qu'ils nous plaignent s'ils veulent!

Ayant renoncé à l'industrie, Renefer consentit à « faire de l'architecture ». Rien n'est inutile. L'architecture fut pour lui un métier et une étude. Voyez comme tout ce qu'il crée est solide, équilibré, précis, *architectural*.

Depuis l'âge de treize ans, jamais Renefer ne sortit sans son album ou sans sa boîte d'aquarelle. Le nombre de croquis et d'études qu'il fit est inimaginable.

Je ne puis songer, dans les limites qui me sont assignées, à raconter par le menu quelle volonté opiniâtre il dut montrer, quelles difficultés il dut vaincre, quels découragements il dut surmonter pour conquérir sa maîtrise.

Ce qu'il a fixé le plus volontiers, c'est Paris sous tous ses aspects : scènes et sites, fruiteries, boutiques de fleuristes, faubourgs, coins de rues si *vivants* bien qu'ils soient déserts, routes pelées où quelques gueux se traînent. Et, en leitmotiv, Notre-Dame, formidable silhouette autour de laquelle les strophes romantiques claquent encore comme des ailes, Grenelle, le travail, la misère, et le désespoir des quartiers maudits où viennent mourir les victimes qui sont la rançon de notre défectueuse organisation sociale, les déchets lamentables de la vie de Paris — les quais où l'on décharge des pierres blondes, des madriers odorants, des sables roux — les ponts et les berges de la Seine enfin!... Qu'il l'aime et qu'il la chante bien la vie des bords de ce beau fleuve, ses joies, ses tristesses, ses demi-teintes, dans l'atmosphère unique, grise, délicate, un peu maladive et si *fine* de la capitale!

Dès qu'il se fut libéré des expédients inhérents à tous les débuts : collaboration aux journaux humoristiques : *le Rire, le Sourire, l'Assiette au Beurre* (dont il dessina un numéro entier : *Les Grands Sentiments*, introuvable aujourd'hui), Renefer se cantonna pendant longtemps dans l'interprétation des berges et des ponts -- au point qu'une de ses expositions particulières eut pour titre *les Ponts de Paris*, et qu'un critique (Gustave Geffroy, sauf erreur) l'appela le « chantre des rives de la Seine ».

Il s'égara aussi dans les banlieues : suies, fumées, plâtras, baraquements vacillants de Vanves et de Malakoff, fanges de Javel, arrière-bouges du chemin de Perrichaux, là-bas, près de la porte de Brancion, paysages d'usines noires, cahutes perdues dans des plaines lépreuses, galvaudeux équivoques vautrés sur des « fortifs » poisseuses ou pelées, chantiers de démolition pareils à des villages détruits où les graminées, elles-mêmes, n'osent

Croquis

Eau-forte

La Seine à Grenelle
Peinture

plus croître, cieux tragiques et pesants, — ou si clairs! il a fixé comme nul autre tout cela; il a fait de tout cela, par l'intensité de son talent, une beauté très spéciale mais très matérielle.

Et ça ne l'a point empêché de célébrer la douceur et la gaîté d'Andrésy, de Conflans-Sainte-Honorine ou de Fin d'Oise — et de nombreux amateurs, suivant en cela Thiébault-Sisson, préfèrent à tout le reste de son œuvre les toiles où il traduit la mélancolie presque défaillante des berges et des eaux.

Ayant fait avec succès, à Paris, plusieurs expositions particulières de peinture, exposant aux Salons, comme tout le monde, Renefer prévoyait moins que personne les transformations que la guerre opérerait en lui.

Or, la vie des tranchées fit de cet homme, assez fragile jusqu'alors, un gaillard solide, épris de grand air, d'espace, de gymnastique suédoise et de liberté.
Sa manière s'en ressentit au point de dérouter certaines critiques, surtout lorsqu'il exposa ses toiles rapportées de Corse et de Haute-Marne.

La Haute-Marne, département *inconnu* parce que les touristes pressés d'arriver aux villes d'eaux de l'Est : Vittel, Luxeuil, Plombières, Martigny, etc., ne s'y arrêtent jamais, surprit d'abord Renefer par le caractère noble et sévère et les tons profonds de certaines de ses régions : la vallée de l'Aujon, par exemple. Il lui arriva plusieurs fois, devant l'allure générale de certains sites, d'évoquer le souvenir de la Grèce, qu'il visita pour illustrer un livre de Louis Bertrand. Ce fut alors entre ces paysages impérieux et lui un véritable combat. Je l'ai vu revenir, après une séance de plein-air, littéralement exténué, surtout au début de son séjour. Il voulait saisir l'âme de cette vallée, si différente de son Paris familier, et qui, au rebours d'autres qui séduisent et subjuguent en coup de foudre, — en Riviera, par exemple, — attire lentement, insensiblement, mais pour toujours, qui la regarde bien.

Je ne crois pas qu'il existe beaucoup de tableaux dont l'énergie interne, sans cabotinage, soit aussi formidable que celle des toiles qu'il rapporta

Croquis

La rue des Jardins-Saint-Paul, dessin à la plume

des environs de Châteauvillain. Depuis, Paris l'a repris, et, en pleine possession de son métier, souple mais solide, vigoureux sans brutalité, lucide et sûr de lui dans la recherche des volumes, des valeurs et de la couleur vraie, ce qu'il fait est d'une construction parfaite et d'un charme invincible.

Déjà et désormais, Renefer est un maître.

Son œuvre gravé est énorme. Faut-il rappeler les illustrations qu'il composa pour les grandes éditions de luxe : du *Feu*, de Barbusse, dont il composa les images dans les tranchées mêmes: de *la Grèce du Soleil et des Paysages*, de Louis Bertrand ; de *la Maison du Péché*, de Marcelle Tynaire; du *Cabaret*, etc. Ses bois pour le *Gaspard*, de René Benjamin ; *la Cigale*, de Lucie Delarue-Mardrus; *la Fée de Port-Cros*, d'Henry Bordeaux, etc., sont populaires. Les éditeurs Fayard, Flammarion. Lapina, etc., n'ont pas de meilleur collaborateur.

Soyons indiscrets. Il travaille actuellement à une grande édition de *Mon frère Yves*, de Pierre Loti. dirigée par M. Ernest de Crauzat avec un goût très sûr; à une édition, très luxueuse aussi, de l'*Antinéa*, de Charles Maurras, pour l'éditeur Lapina; à une édition ornée d'eaux-fortes originales, des *Portraits littéraires et mondains*, de Jean Lorrain, pour l'éditeur Baudinière, etc.

S'il me fallait situer Renefer parmi les peintres contemporains, je le placerais à égale distance entre Lebourg et Marquet, au-dessus de Marquet.

Une anecdote pour terminer cette ébauche de portrait mal et rapidement brossée.

Plaisantant, je disais un jour à Renefer :

— Comme nous serons tranquilles quand nous serons morts! Tu nous vois, tous les deux, mollement allongés sur de blancs nuages, oubliant les siècles dans la contemplation perpétuelle de Dieu au milieu d'une musique d'archanges.

— Ben oui, parbleu, on ne serait pas plus mal qu'ailleurs.

— Tu n'as pas l'air enthousiasmé! Si le spectacle de Dieu lui-même et l'orphéon du Paradis ne te suffisent pas...

Renefer me répondit alors avec douceur :

— Dis donc, vieux... Est-ce qu'on peut peindre dans l'Enfer?...

Joys Normandy

Croquis à Brest

S.-R. AHÜ

par Marcel Roland

Ahü Buste par Etienne Forestier

Uɴ jeune, très jeune, puisqu'il n'a pas trente
ans... Pour ceux qui recherchent dans l'Art la
spontanéité et l'audace, cette jeunesse est une qualité. Elle passe pour un défaut auprès d'autres gens
qui préfèrent l'expérience et le respect des traditions.
Avant de connaître S.-R. Ahü, je savais déjà qu'il
faut se défier des formules. Maintenant que j'ai causé
avec lui et que j'ai vu ses travaux, je puis attester
que la jeunesse n'est pas inséparable de la maturité.

Ce grand garçon blond et réfléchi, né en 1901, n'offrirait rien de très sensationnel
à relater pour un biographe, s'il ne s'agissait que de parler de son histoire ou
du côté « métier » de son art. Non, ce qui le distingue, ce qui le rend intéressant,
c'est autre chose de plus, c'est mieux : c'est la décision qu'il a prise et qu'il
exécute — de ne livrer au jugement public que des œuvres qu'il estime de nature
à répondre aussi fidèlement que possible à un « moment » de sa personnalité
artistique. Sincérité et discrétion, devise peu commune pour un jeune !

A une époque où le brouillon, l'ébauche, la sensation sommairement notée, une
simple vue de l'esprit, une projection géométrique, sont présentés comme des
créations complètes, où l'embryon est célébré comme venu à terme, où l'on cherche
à nous imposer la larve comme un insecte parfait, il faut saluer les jeunes artistes
du pinceau, de la plume ou de
la musique, qui consentent encore à l'apprentissage.

A l'âge où il est de mise
d'avoir pour le moins en poche
son manifeste de chef d'école,

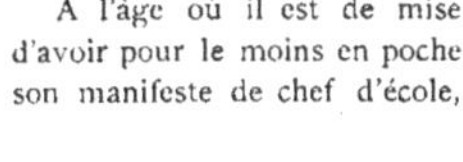

**

S.-R. Ahü s'est donc tracé modestement
un plan. Sans doute ses études d'architecture aux Beaux-Arts l'y prédis-
posaient-elles, mais bien plus encore
ses naturelles dispositions à la cons-
cience professionnelle et à la probité.
Car ce plan est un plan de travail. Loin
d'imiter ses émules, qui débutent toute
leur vie par des coups de maître... dont l'importance
se mesure à la publicité qui les environne... et à
l'oubli qui les suit, S. R. Ahü n'a voulu exposer que
trois fois depuis qu'il a quitté les Beaux-Arts : en
1924, au Salon d'Automne, en 1925 et 1926, aux Indépendants. C'est tout... Seulement, voilà... il faisait
mieux qu'exposer, il étudiait, il se formait. Par sa
rencontre avec Renefer, qui s'y connait en peintres
de race, sa vocation s'était trouvée confirmée. Il reçut

Gravure sur bois

de lui ses premiers conseils et son investiture. Puis il voyagea. Les voyages forment
la jeunesse, surtout quand elle a de bons yeux et une intelligence lucide. Ahü a
séjourné en Autriche, à Constantinople. Il est revenu chez nous riche d'impressions,
de notes, de souvenirs, d'admirations, d'enthousiasmes, et c'est tout ce
bagage qu'il exprime à présent dans ses peintures, ses dessins et ses
gravures, non pas pêle-mêle, mais méthodiquement, avec cette « froi-
deur émue » dont le Verlaine des « Poèmes Satur-
niens » prétendait que ses vers étaient inspirés.
Ce que j'ai vu de lui est l'expression même
de cette discipline dont il s'est promis de donner l'exemple. Il me montrait récemment des
toiles d'où sont bannis volontairement les
éclats faciles de la palette, où les nuances
vives sont transposées volontairement
dans le ton au-dessous, et éteintes à des-
sein, par une abnégation que je trouve
admirable parce qu'elle est raisonnée.
Qu'un peintre ne soit pas un coloriste,
cas fréquent. Si tout homme normal
possède deux rétines, les cellules
visuelles de cône de ces rétines
peuvent être impressionnées à des
degrés divers par la perception
des couleurs, et là git peut-être

Notre Dame de Lorette

Étude

"Katinka", gravure sur bois

le secret de la définition fameuse : « L'Art
est un coin de la nature vu à travers un
tempérament !... » Mais la particularité de
S.-R. Ahü, c'est que, né coloriste, par mor-
tification *il lutte contre ses rétines...* et ça,
c'est le vrai tempérament. Je le sais, c'est
lui qui me l'a dit. — « Je pourrais, moi
aussi, peindre « voyant ». J'ai le goût inné
des couleurs vives. Mais, certain de les
retrouver quand je voudrai, j'étouffe exprès
cette inclination, parce que je ne veux rien
devoir à la facilité, à l'impulsion. »

Avec une telle conception de ses devoirs
d'artiste, S.-R. Ahü était prédestiné avant tout au dessin et à la gravure. Le dessin
et la gravure sont la vertu même de l'Art graphique. Il faut y vaincre ou y
mourir, sans la complicité de la couleur, cette
poudre-aux-yeux de l'arc-en-ciel. De là, tant
d'échecs et de médiocrités. Or, S.-R. Ahü y
donne dès maintenant, même dans les œuvres
où se ferait encore sentir un reste de l'influence
de Renefer, le présage de sa future, de sa pro-
chaine maîtrise. Une personnalité extrêmement
accusée s'y révèle, où les suggestions futuristes,
sans être rejetées, ce qui serait un tort grave,
ne sont utilisées qu'avec beaucoup de discer-
nement. Ce qui y domine —
et sans doute le passage
en Orient n'est-il pas
étranger à cette ten-
dance — c'est
surtout un sens
de la richesse dé-
corative, qui fait
songer à des af-
finités slaves. Et
aussi celui de la
construction, j'en-
tends de la mise
en place et en
valeur des maté-
riaux de l'œuvre.

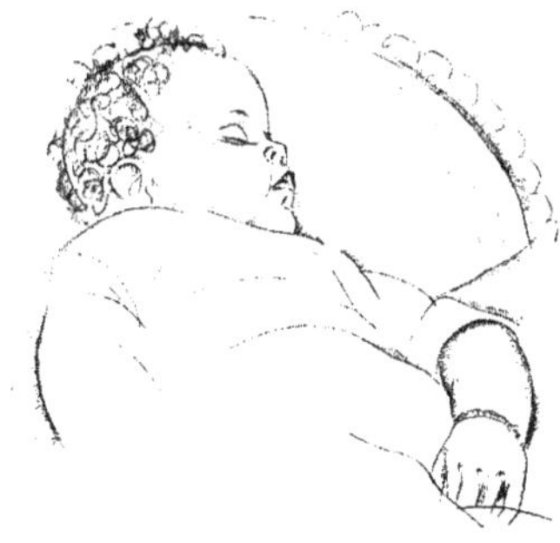

La cale sèche
(dessin)

Montmartre (peinture)

Ex-libris
(appartient à Mlle Astruc)

Cette notion de l'équilibre manque à nombre de peintres d'aujourd'hui. Ce n'est pas la sensibilité, ni l'habileté, ni l'imagination, ni toutes sortes de dons de nature qui leur font défaut, et ils les expriment dans des toiles désordonnées, mais ils n'ont pas ce que leur apprendrait l'architecture : la composition. Quel profit ils tireraient d'un passage, même rapide, dans une classe d'architecture, d'une étude, même superficielle, de cet art ! Ils y acquerraient le sens de la ligne préméditée, des proportions, des masses qu'on enferme dans un espace déterminé, toute cette discipline matérielle de l'œil et de la main que S.-R. Ahü ajoute à sa discipline intellectuelle.

Ce sont là les qualités maîtresses que je trouve dans son talent. Il possède, en outre, un certain don de l'humour — ici heureuse influence futuriste — et enfin et toujours celui de l'émotion. Il n'est pas de ceux qui se contentent d'avoir du métier, il cherche à saisir la valeur psychique du sujet à traiter, et à la traduire par un geste de personnage, un accessoire, au besoin par la manière de traiter la matière de son travail. Le bois se prête en particulier à cette communion intime entre l'ouvrier et l'œuvre. C'est une matière qui se souvient d'avoir été vivante, et l'on comprend qu'un bel artiste, comme S.-R. Ahü, la préfère à toute autre. C'est ainsi que le « bois » où il a retracé le visage de l'aviateur Roland Garros m'est resté comme un des plus émouvants que j'aie vus.

Il faut souhaiter aux élèves de S.-R. Ahü d'être dignes d'un tel professeur !

Le chantier
(gravure sur bois)

LOUIS BAILLY
par Emile Sedeyn

Louis Bailly,
par lui-même

U N soir du printemps de 1911, entre chien et loup, l'huissier du *Figaro* vint placer sous mes yeux un de ces petits carrés de papier où « le visiteur est prié d'écrire son nom et l'objet de sa visite ». Le visiteur se nommait Louis Bailly. Dans la demi-obscurité de mon cabinet, je vis entrer un svelte garçon à la démarche vive et au regard aigu. Tandis que j'allumais ma lampe, le survenant dénoua les cordons d'un carton à dessins qu'il avait apporté, et je vis tout de suite que ce carton était plein de rêves. Des gnomes et des farfadets s'en échappaient en gambadant, poursuivis par de lents crustacés armés de pied en cap. Et des fées d'une jeunesse rayonnante présidaient, au creux des prairies étoilées de rosée, d'étranges meetings nocturnes. Il y avait aussi des paysages sous-marins et d'autres, encore plus nostalgiques, rapportés peut-être d'une planète non répertoriée.

Ainsi, dès le premier moment, me fut révélée la double personnalité de Louis Bailly. Sa silhouette, son regard, le son de sa voix, annoncent l'homme d'action, le réalisateur, l'animateur. Le moindre fragment de son œuvre dénonce le chasseur de nuages, l'homme tombé de la lune, et qui continue de vivre en imagination parmi les êtres et les choses de sa lointaine patrie.

La réunion inattendue de ces particularités si nettement opposées ne pouvait donner que des résultats curieux. Louis Bailly ordonne ses rêves avec une singulière précision, et les anime d'une volonté méticuleuse. Passionné de mystère, ennemi du flou, il chevauche le hasard sans lui laisser la moindre initiative, et promène dans l'invraisemblable un esprit assoiffé de rationalisme. Il est le scrupuleux Detaille d'une armée mystérieuse que personne n'a jamais vue, comme il est le Robida des empires inexplorés. Et si loin que sa fantaisie l'entraîne, il en revient toujours avec des documents sérieux. D'ailleurs, la bonhomie charmante avec laquelle il peint les conclaves de sorcières et les batailles sous-océaniques montre bien qu'il ne travaille que d'après nature.

Au temps où je connus Louis Bailly, — quinze ans déjà ! — il collaborait à force magazines et donnait chez Hachette, chez Pierre Lafitte, chez Delagrave, chez Nelson, ces aquarelles brillantes et soignées, ces dessins cor-

— Vous voyez, je vais prendre mes quartiers d'été.
— Oui, oui, vous allez prendre racine.

Féerie sous-marine
(à la belle étoile)

rects. qui font le bonheur des éditeurs parce qu'aucun procédé n'en saurait trahir la franche et sûre technique. C'était encore pour lui le temps des débuts, ayant quitté peu d'années auparavant l'atelier Jean-Paul Laurens, après trois années de sages et méthodiques études. Comment s'était éveillée sa vocation d'artiste? En présence d'une dizaine de gros ouvrages de Droit que l'auteur de ses jours lui avait offerts, au lendemain du bachot. « Tu seras notaire! » lui criait sa destinée. Une de ces gracieuses magiciennes qui peuplent son imagination surgit tout à coup et, l'effleurant de sa baguette, murmura doucement : « Tu seras notre peintre! » Sur quoi les doctes bouquins édités rue Soufflot se transformèrent en boîtes de couleurs, en rouleaux de papier Ingres et en pinceaux de petit-gris.

Je n'oserais certes affirmer que les choses se passèrent exactement ainsi, mais il m'est agréable, pour mon compte personnel, d'accepter cette version, d'autant plus que je tiens de Louis Bailly lui-même qu'il ne mordait guère au dessin durant ses années de lycée. Peut-être la crasse et la poussière qui patinaient tristement les moulages scolaires décourageaient-elles son enthousiasme? Il a gardé meilleur souvenir des figurines que la sollicitude paternelle inventait pour calmer ses chagrins d'enfants, figurines dont les yeux d'un beau noir brillant n'étaient autres que perles de réglisse. Mais comment évaluer ici la part de l'esthétique pure?

A la suite de sa première visite, je confiai à Louis Bailly un travail à peu près impossible : l'illustration d'une somptueuse nouvelle de Maurice Renard, *Parthénope ou l'Escale imprévue*, qui parut dans le numéro de Noël du *Figaro illustré*, en 1911. Les huit grandes compositions qu'elle comporte et que je viens de retrouver avec joie dans un fascicule devenu rarissime, se prêtent admirablement à une analyse de ce talent à la fois si verveux, si libre et si discipliné.

On devient dessinateur, mais on naît coloriste. Les aquarelles de Louis Bailly sont en réalité des dessins rehaussés d'aquarelle, des dessins d'un trait ferme et dégagé, expressif, et qui sait traduire la grâce aussi bien que la fantaisie ou la puissance. Dessins de décorateur, logiquement agencés, adroitement mis en page, avec une science de l'effet qui sait demeurer discrète quand il le faut. Mais si son dessin reflète un esprit précis, volontaire, bien armé de savoir, dans le domaine de la couleur comme dans celui de l'imagination, Louis Bailly apparaît tout de suite comme un poète, un poète prestigieux. Sa palette est d'une

"Surprise-party"

distinction raffinée dans la pleine lumière aussi bien que dans le clair-obscur, et il excelle à évoquer un milieu rien que par l'atmosphère. Méticuleux et précis dans le dessin, dans la couleur il est lyrique, et s'exprime avec une souplesse et une ampleur de moyens remarquables. Chez lui, le dessin amuse et entraîne, mais la couleur émeut. L'un vient de l'esprit, l'autre vient de l'âme.

Je ne l'ai pas encore écrit, mais vous devinez déjà que Louis Bailly ne recourt jamais à ces hardiesses faciles ni à ces simplifications si favorables à l'ignorance qui, le snobisme aidant, se sont introduites récemment dans l'illustration du livre. Riche d'idées et de moyens, pourquoi irait-il simplifier? Son originalité ne nous assène pas de coups de poing dans l'œil, elle nous entraîne et nous convainc par des moyens moins rudes et plus nobles, que la raison et le goût justifient. Ce sont ces moyens, j'imagine, qui ont décidé l'*Illustration*, le *Graphic*, le *Bystander*, à publier à leur tour des compositions de Louis Bailly.

La voleuse
de camemberts

Un rêveur qui se conte à lui-même de si belles et si étranges histoires devait être amené tôt ou tard à prendre la plume pour en faire confidence à ceux qui les aiment aussi. Il a donc écrit et dessiné plusieurs volumes pour les enfants et prépare un livre de féeries où sont contées et imagées les aventures du Thalassandre, petit gnome aquatique plein de malice, et du Grand Crustacé, samouraï fantastique guerroyant dans l'ombre mouvante des laminaires.

Albums d'enfants? Qui ne sait que ce sont les pères qui se plaisent le mieux à ces livres-là? Tous ne l'avouent pas, — c'est une question de dignité, — mais cherchez bien dans les bibliothèques, derrière le Larousse ou le Littré...

Louis Bailly a d'ailleurs aussi écrit pour les adultes, il collabore aux *Annales*, il répand volontiers ses idées dans les revues professionnelles. Il le fait avec ce chaleureux bon sens qui est sa marque. Et ici apparaît cet esprit entreprenant, cet animateur dont je vous parlais en commençant.

Vers la fin de la guerre, en septembre 1918, Louis Bailly avait été chargé de la direction du dépôt du Panthéon, où depuis deux ans venaient s'amonceler les richesses d'art évacuées de la zone des armées. Richesses très mêlées d'humbles musées de sous-préfectures, où les mélancoliques « envois de l'Etat » voisinent assez souvent avec des raretés inconnues. Longtemps après les

Illustration pour "Abeille", d'Anatole France

effusions de l'armistice, l'ami des
fées inventoriait encore dans le
silence des caveaux. Lorsqu'il eut
enfin la joie de laisser les fiches
pour reprendre ses pinceaux, la
misère des temps accomplissait
autour de lui de navrants ravages.

Au sein de la Fédération
française des Artistes, qui
venait de se constituer,
Louis Bailly groupa les
illustrateurs et dessina-
teurs de l'Edition en une
section spéciale dont la
présidence lui échut naturellement.
Peu après, impatient d'atteindre
plus vite encore aux résultats pra-
tiques, dont l'urgence s'imposait,
il levait la bannière des *Vingt
Imagiers de France*, et par le moyen
d'expositions répétées, de mani-

Initiation à la nature

festes, de publications diverses, il réussissait à ouvrir de nouveaux débouchés
à sa petite phalange d'artistes de valeur. C'est dans ces circonstances qu'il
aborda à son tour l'art publicitaire, vaste domaine où son esprit inventif
et son talent de décorateur pourront faire merveille... si ses travaux d'illus-
trateur et ses fonctions de professeur au Cours A. B. C. en laissent le loisir
à ce grand laborieux.

Quinze ans après notre première rencontre, dans ce petit hôtel du *Figaro*
devenu lui-même un souvenir, un étrange souvenir, avec ses vitraux de
style Napoléon III et sa galerie d'agrandissements photographiques, quinze ans après *Parthénope ou l'Escale imprévue*, Louis Bailly garde ce charme heureux, bienfaisant, rayonnant, la
jeunesse. C'est qu'il se repose du rêve par l'action. C'est qu'il se donne de tout son cœur à
ce qu'il entreprend, et il entreprend beaucoup. C'est peut-être aussi le sortilège d'une de ces
princesses immatérielles qu'il rencontre au clair de lune... C'est surtout, je crois, parce qu'il
aime la vie et ses semblables. Et si vous me demandez pourquoi, sachant les aimer d'une
tendresse si active, il les délaisse si souvent pour s'en aller vivre dans l'impro-
bable avec des êtres imaginaires, je ne vous répondrai que ceci :

— C'est par pure discrétion.

A. Raynolt, par Arnold

A. RAYNOLT
par Octave Galtier

❀

Plus d'un s'est imaginé, lisant ce nom sur une peinture ou sur un dessin, que l'artiste s'est paré d'un pseudonyme, impérieux comme un coup de clairon.

Ne vous avisez pas non plus de croire que, maquillant le patronyme de l'illustre Reynolds, il ait voulu, sous cet éclatant parrainage, en imposer à nombre de contemporains à bouche bée.

Son nom lui appartient en propre. En dépit de son état civil d'inflexion étrangère, Raynolt n'a pas vu le jour sur les bords de la Tamise ou dans les fiords scandinaves... Il est né à Toulouse, tout simplement.

Fils de Gascogne, il lui plaît d'avouer cette origine que trahiraient, d'ailleurs, son accent et ses traits.

Nerveux, sec, élancé, il va d'un pas rapide et souple. La correction du langage et du costume lui agréent. Son visage aux lignes accusées, son œil vif évoquent assez bien ces cadets du pays de Garonne, hâbleurs et fanfarons, qui, du haut de leur fraise, au temps de Louis, laissaient jaillir une verve truculente. Mais Raynolt est un intarissable Gascon singulièrement paradoxal : réservé, parfois timide, souvent méditatif et toujours solidement retranché dans le parti de se régler sur d'autres méthodes que celles de ses compatriotes méridionaux.

Insoucieux des bénéfices, de la notoriété publique, des honneurs et prérogatives que procure la méthodique exploitation d'une spécialité, mon ami s'est toujours abandonné à sa fantaisie.

Quand je vais le voir dans son atelier, je ne sais jamais si je le trouverai sur une échelle, devant une vaste décoration, ou bien penché sur sa planche à dessin, attentif à parfaire une vignette d'illustration.

Son œuvre, des plus variées, n'est pas de celles que l'on circonscrit dans

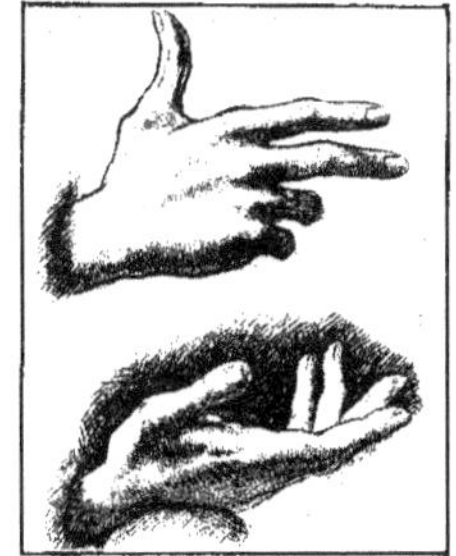

Études

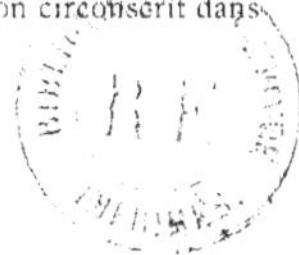

Projet d'illustration

une formule. Sa variété même nous révèle la finesse
et la curiosité d'un esprit toujours en éveil, com-
préhensif, inclinant aussi bien vers les conceptions
les plus élevées des maîtres d'autrefois, si bien
connus de lui, que vers les recherches et les formules
de l'art moderne. Les interprétations nouvelles, il
les suit avec une passion avertie, discernant le point
subtil de la trouvaille qui le comble d'aise. Il sait
que dans les lois de la beauté tout n'est pas dit, tous
les secrets ne sont pas découverts. Les règles esthétiques ne doivent pas rester immuables, sous peine
de se flétrir dans les redites : l'art vit des change-
ments d'école.

Illustration

Avec ce tour d'esprit, il ne pouvait manquer de participer à l'Exposition des Arts décoratifs. Son envoi — illustration de livres d'enfants — a été apprécié du jury qui lui a décerné
une médaille.

*
* *

D'avoir tour à tour joué et rêvé dans une verte solitude de la campagne toulousaine, ses yeux
d'enfant se sont émerveillés de bonne heure aux mille aspects des champs, des ciels et des bois.
Et de retour à la ville, ses sorties d'écolier s'enchantaient devant les magnifiques ordonnances
de la vieille architecture toulousaine, si
particulière dans son chaud assemblage
de briques et de pierre.

Les principes du métier, Raynolt les
a reçus dans cette ancienne Ecole des
Beaux-Arts de Toulouse, alors abritée,
blottie entre la vieille tour des Augus-
tins et la merveille du cloître avec son
enclos mystérieux.

Il reçut des leçons judicieuses et ses
succès rapides lui valurent d'être envoyé
comme pensionnaire de la Ville pour terminer ses études à Paris.

Il compta parmi les bons élèves de
Jean-Paul Laurens et de Benjamin Cons-
tant, gagna des lauriers aux Beaux-Arts
et son vigoureux labeur, accompli dans
l'enthousiasme des jeunes ans, obtint
promptement au Salon une médaille d'argent et un prix de l'Etat.

Ex-libris

Esquisse pour une fresque

Puis il aborda des travaux d'ordre très divers. Collaborateur d'un architecte-décorateur éminent, il fut initié
à de grandes entreprises, parmi lesquelles on peut citer
la décoration de fastueuses demeures (hôtel Castellane,
hôtel Larivière) et une fresque au Panthéon.

Après le travail du jour, il employait encore ses soi-
rées à orner des livres d'enfants, à crayonner des images
toujours originales et spirituelles.

Ces dernières années, de vastes et émouvants pan-
neaux pour la cathédrale de Pamiers, les remarquables
peintures du plafond nouvellement reconstruit du théâtre
de Verdun, de nombreuses illustrations d'ouvrages littéraires ou d'enseignement, ont affirmé la maîtrise de son
talent.

Les vacances annuelles me ramènent à Castres, ma
ville natale, et, dans ma visite traditionnelle au Musée,
j'ai le plaisir de revoir un charmant tableau de mon
ami, tableau de jeunesse où la science du peintre
s'accorde, d'une manière aimable, avec la sensibilité
de l'artiste. Cette œuvre excellente, la meilleure, certes,
des toiles modernes de notre Musée, a le redoutable
honneur de voisiner avec une suite de splendides Goya.

Je garde un souvenir très pur de quelques autres pein-

Illustration

tures de Raynolt : Homère chantant ses poèmes devant un
auditoire de laboureurs, dans le mystère et le tiède silence
d'une belle nuit d'Attique ; le Cloître de Saint-Damien, à
Assise, souvenir de son séjour en Italie, et que remet d'actua-
lité le septième centenaire du bon saint François ; de lumineux
et sincères paysages de Villeneuve-Tolosane, où fidèlement il
revient aux mois d'été. Il y retrouve ses impressions de
jeunesse et la douceur de liens affectueux, dans une maison
villageoise et un aimable jardin qu'embrase le soleil d'août.

Qu'il s'agisse soit de ses importants travaux décoratifs,
soit de ses aquarelles de la côte basque, de ses natures
mortes savoureuses, soit de ses souvenirs de
voyage, soit que l'on feuillette ses albums de
croquis humoristiques ou ses collections
de dessins pour livres, toujours on relève dans
son œuvre un souci
rigoureux de ligne

Études

Etude d'ailes

juste, d'observation intelligente, harmonieuse et toujours spirituelle des formes du monde extérieur, recréées par l'esprit.

**

En dépit de sa curiosité à l'affût, son humeur est sédentaire. Courir le monde le séduit peu. Pourquoi supporter les fatigues et les tracas du voyage ? Apprenons d'abord à connaître, dit-il, les merveilles qui nous entourent : églises, musées, monuments, rues pittoresques, nuances du ciel, jeux de la mode, grâces féminines...

Foin des autos et des trains bruyants. De bonnes jambes et des yeux bien ouverts sont de prodigieux instruments pour se meubler la tête des plus adorables visions.

C'est une magnifique aventure que de vivre, s'écrie Raynolt. L'Ecclésiaste enseigne qu'il n'y a rien de nouveau sous le soleil : vérité pour le philosophe, observe mon ami, mais erreur pour l'artiste. Le monde se recrée chaque jour, à l'apparition de la lumière : les formes, les reflets, les contours divers des apparences, le mirage de la couleur, brillent d'un éclat toujours neuf.

Avec son intelligence si déliée et son ample curiosité, comment mon ami n'aimerait-il pas les livres? Il comprend le dessin et le chant de la phrase, le choix évocateur des pensées et des mots. Il a beaucoup lu, réfléchi et retenu.

Sa vie, simple et unie, s'écarte des vaines complications. Une fiévreuse passion le possède : l'amour de l'indépendance, qu'il considère comme la plus belle rose de l'univers.

C'est un artiste, un lettré, un sage.

Octave Galtier

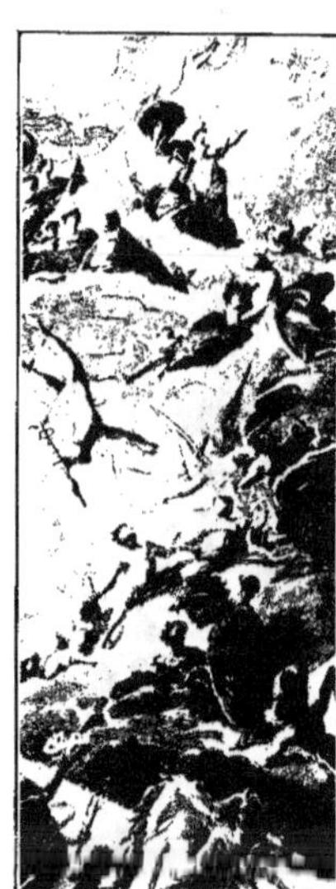

Esquisse de plafond

Malo Renault, par lui-même

MALO RENAULT
par Émile Dacier

❧

J E connaissais Malo Renault bien avant de le rencontrer.
J'étais un de ses amis ignorés, comme en ont tous les
artistes, et c'est avec une joie toujours nouvelle que j'allais
chaque année saluer, sinon l'homme, du moins ses œuvres,
au Salon de la Société Nationale... Après cela, médise qui voudra des expositions régulières et de cette sorte d'amis qu'elles
entretiennent, — amis silencieux et lointains, amis de nul
secours en apparence, mais dont il est impossible qu'un jour ou
l'autre la sympathie ne parvienne pas, n'irradie pas, si l'on peut
dire, jusqu'à ceux qui en sont l'objet !

De Salon en Salon, donc, je retrouvais Malo Renault dans l'un des *in pace*, au rez-de-chaussée
du Grand Palais, où la Nationale avait l'habitude de reléguer ses graveurs. Il y a bien vingt ans
de cela. Avec les eaux-fortes, les bois ou les lithographies de Lepère, de Lunois, de Louis
Legrand, de Chahine, — les fidèles de la section, — les estampes de Malo Renault étaient l'une
des lumières de cette sombre cave. Elles y brillaient d'un doux et charmant éclat. C'était, pour
l'ordinaire, des scènes ou des figures de format plutôt réduit : *Quelques-unes, Mère et fille,
Équipage, la Petite fille aux poupées, l'Oreiller,
Repos*, etc., — dont le trait sobre et délicat sem-
blait rehaussé de légères touches d'aquarelle : Malo
Renault, en effet, se spécialisait alors dans l'eau-forte
originale en couleurs.

Mais, de dire qu'il se spécialisait, n'est-ce pas
diminuer un artiste dont le talent s'est toujours mon-
tré assez riche pour briller au premier rang, quel que
fût le domaine où il lui a plu de s'exercer ? Quand
on a pratiqué la décoration de la porcelaine et tra-
vaillé pour Sèvres ; quand on a produit des vitraux,
des plaques d'émail, des reliures ; quand, graveur, on
a victorieusement essayé de tous les genres de taille-
douce, — pointe-sèche, eau-forte, vernis mou, aqua-
tinte, — et que l'on s'est révélé ensuite, dès le premier essai, l'un des graveurs sur bois les plus
savoureux de son époque, on ne
tient pas absolument à passer pour
un « spécialiste », si ce n'est de la
recherche originale, de la belle matière et du travail parachevé.
Disons donc plus exactement de
Malo Renault que la gravure en
couleurs sur cuivre ou sur bois est
son procédé de prédilection.

Au pardon de Tronoan

Au Pardon de Sainte-Anne-la-Palud. gravure sur bois

Comme il écrit en ce moment, pour les lecteurs d'*A.B.C. Magazine d'Art*, une série d'articles sur les techniques de la taille-douce, je suis bien aise de pouvoir renvoyer à un guide qui a les meilleures raisons du monde d'être bien informé. Il ne m'en voudra pas, toutefois, d'empiéter un peu sur son domaine en ajoutant que l'eau-forte en couleurs telle qu'il la pratique — celle où l'épreuve s'obtient par le tirage superposé de plusieurs planches repérées donnant chacune une couleur différente — est un des procédés de gravure les plus raffinés qui soient, un de ceux qui exigent, sans parler du talent, les plus sûres qualités de « métier ». Et ici, j'ouvre une parenthèse en l'honneur de l'imprimeur ordinaire de ces précieuses estampes ; cet « imprimeur ordinaire » n'étant autre que Mme Malo Renault en personne ; graveur elle-même, — elle a longtemps exposé aux côtés de son mari, — c'est elle qui prépare les encrages savants et veille aux repérages compliqués, apportant à ces opérations difficiles le même souci de recherche personnelle, le même fini d'exécution qu'aux originales broderies signées d'elle, bien souvent admirées aux expositions d'art décoratif.

Cette inestimable collaboration permet à Malo Renault de renchérir sur la difficulté : non content d'utiliser la gravure en couleurs pour l'estampe proprement dite, il en fait un procédé d'illustration. Or, si réaliser un bel équilibre entre le noir et le blanc d'une page typographique n'est déjà pas un exercice à la portée du premier dessinateur venu, quelles connaissances variées, quel tact et quel goût, quelle main experte aussi ne faut-il pas, quand il s'agit de fleurir un beau texte d'images en couleurs, et qui soient dignes de lui !

Avoir le sens du livre en même temps que celui de l'estampe est une rencontre plus rare qu'on ne croit. Elle se réalise chez l'artiste qui nous occupe. Jamais le trait de son dessin ne disparaît sous la couleur : il est toujours honnêtement visible. Jamais la couleur ne recouvre entièrement la planche : des blancs sont toujours ménagés, qui éclairent et soutiennent les taches colorées. Imaginez maintenant une de ces fraîches et lumineuses images associée à un caractère d'imprimerie bien choisi, bien « justifié », bien mis en pages, elle a tout ce qui convient pour faire avec lui un heureux mariage d'amour, et non pas un de ces mariages de raison, si fréquents dans l' « édition d'art », où c'est à qui des deux conjoints étouffera l'autre.

Mais, dans l'illustration, la partie matérielle n'est pas tout. Il y a l'intelligence du texte et l'expression par l'image de ce qui mérite d'être mis en relief. Ici, Malo Renault a une manière bien à lui de comprendre son rôle : s'il excelle à s'inspirer d'un livre, ce n'est point pour donner, après l'auteur, une deuxième version des épisodes capitaux : il suggère beaucoup plus qu'il ne raconte, et les figures, les paysages, les éléments

A l'Hôtel des Ventes

B. Fé de Quimper

décoratifs même qu'il choisit, ne sont dans sa pensée que des thèmes sur lesquels brodera le lecteur au gré de sa fantaisie. Aucune illustration n'est moins littérale : aucune n'est moins littéraire, au sens pédant du mot; aucune ne porte davantage la marque d'un artiste lettré.

Peut-être me trompé-je, mais il me semble que Malo Renault, — conteur, poète, écrivain d'art à ses heures, — ne serait pas ce qu'il est et ne ferait pas ce qu'il fait, s'il n'avait puisé, dans la solide formation classique d'autrefois, un profond amour des lettres. On aurait bien étonné ses parents si on leur avait dit — lors de sa naissance, à Saint-Malo, le 5 octobre 1870 — que leur fils, après avoir terminé ses humanités, essaierait de l'architecture, puis des arts décoratifs, et trouverait un jour sa voie dans la gravure et l'illustration; sans doute ne prévoyaient-ils

Arbre en mars

pas que le baccalauréat pût mener aussi loin... Ils avaient dans leur ascendance des orfèvres et aussi des marins, comme tous bons Malouins dignes de ce nom. Malo Renault ne s'est pas fait marin; tant mieux pour l'estampe française, mais tant pis pour la flotte: car il aurait été très bien en... — mettons simplement en capitaine de vaisseau, pour ne pas blesser sa modestie, — sa haute et mince silhouette se serait accommodée à merveille du sombre uniforme, et la casquette plate à galons d'or enfoncée jusqu'aux oreilles n'aurait point déparé son clair visage à barbiche grisonnante, que l'on dirait affiné par les veilles au banc de quart et coloré par le vent du large (un peu nerveux toutefois, le capitaine...). Non, il ne s'est pas fait marin, et il ne s'est pas fait orfèvre à proprement parler. Pourtant, quand on voit les recherches de décoration qu'il a tentées, le raffinement du genre de gravure qu'il affectionne, ce qu'il y a de méticuleux et de précis dans la composition et le tirage de ses livres illustrés, comment ne pas croire à l'atavisme ? Il reste du ciseleur en lui, sauf que le métal précieux sur lequel il travaille, c'est Ronsard ou Chateaubriand, Huysmans ou Barrès...

Enfin — et l'on ne saurait trop insister sur ce point — son art savant et réfléchi ne se réclame que de l'observation et de l'étude d'après nature. « Je n'invente absolument rien », dit-il volontiers, entendant par là que tout ce qu'il imagine a pour point de départ la chose vue, la chose notée sur le vif. Dès le collège, il dessinait avec passion. Depuis lors, il a toujours dessiné, toujours et partout. Aussi le plaisir de feuilleter ses cartons tient-il non seulement à la qualité mais

Souris et rat (pointe sèche)

Rides sur l'eau

a la richesse de ce que l'on y découvre. Bêtes et gens, fleurs et fruits, mers et cieux, villes et campagnes, de même que tout est pour lui sujet d'étude, de même tous les procédés lui sont bons : plume, crayon, pastel, aquarelle, peu importe ; le meilleur sera celui qui rendra le mieux l'impression au moment. Malgré cette documentation quotidienne, il ne se trouve pas satisfait pour autant, et chaque fois qu'il travaille à l'illustration d'un livre, un impérieux besoin d'information directe le pousse à se rendre sur le lieu de l'action, à le voir de ses yeux, le crayon à la main : il a parcouru Belle-Isle pour préparer *le Serpent noir;* il a flâné dans Aigues-Mortes sur les traces de *Bérénice;* il a fait le pèlerinage de Combourg avant de commencer *René;* pour *le Pardon de Sainte-Anne-la-Palud,* il s'est mêlé à la foule des pèlerins qu'il connaissait de longue date, les ayant souvent rencontrés dans ses courses à travers la Bretagne... Parfois, le voyage est d'une autre sorte : c'est la sculpture médiévale qui lui fournit les en-tête et les lettrines d'*En route;* c'est des maîtres de la Renaissance française que s'inspire le noble frontispice des *Sonnets pour Hélène...*

A l'Hôtel des Ventes

A chaque ouvrage nouveau sa disposition spéciale et sa physionomie propre : voilà sa doctrine, et elle est excellente.

Et maintenant, quand on aura loué Malo Renault, comme l'a fait Roger Marx dans la préface de l'album *Quelques-unes,* d'unir au sens du pittoresque le don de l'analyse psychologique et le talent le plus intelligent au métier le plus expressif et le plus varié, on aura dit l'essentiel d'un artiste à qui il ne manquait guère, pour être complet, que d'avoir pu mettre son expérience au service de l'enseignement du dessin. C'est chose faite aujourd'hui : et je crois même que l'école où il est professeur — vous devinez laquelle — était bien la seule qui pût avoir une chance de s'attacher un homme aussi foncièrement dévoué à son art que jaloux de son indépendance.

E. Dacier

Lecture au lit

Maurice Perret-Carnot, par lui-même

M. PERRET-CARNOT
par Flamus

❀

Il dessine. A ses côtés, gravement, dans son petit fauteuil ancien, sa charmante Marie-Odile tient une palette adaptée à ses trois ans et peint. Le jeune maître m'a prié de le laisser terminer une étude, j'en profite pour errer dans la vaste pièce.

Par les baies ensoleillées s'aperçoit la houle des marronniers en fleurs ; en gaieté une troupe d'oiseaux donne un concert dans les festons de vigne vierge, et la toute petite dort idéalement rose, en son chariot bleu, sur le balcon. On est bien ici au sortir du Paris tumultueux.

L'atelier de M. Perret-Carnot est décoré de tableaux anciens, je ne les ai pas bien regardés. Que tant de maîtres hautains avoisinent ses œuvres effarouche ce modeste, je l'assure qu'il n'y perd rien. Je dévorais des yeux une adorable vierge. Inquiète de l'avenir révélé, elle serre contre elle le Bambino souriant, peint avec le cœur dans une pâte blonde et transparente où le soleil circule. Sur une prairie de la perle la plus rare, le groupe s'enlève lumineux. De belles roses ont jailli à l'orée du champ moissonné, une rivière s'aperçoit (la Dheune) où la Vierge vient de laver. La scène est intime comme une surprise. Cette humble laveuse on la sent reine. Cet enfant on le sent Dieu. Un peu plus loin, sur une toile ébauchée, le Christ est mort, ses deux bras fixés dans l'attitude de la croix par la fatigue et les douleurs immenses qui précédèrent le trépas, comme se sculptèrent immobilisés les héros des grands combats de 1914. Entre les deux bras tragiques, la Mère douloureuse prie, le visage rougi par les pleurs... Le soleil s'est voilé, mais des rayons émanent du Divin crucifié, car ce soir sanglant est une aube encore et il faut du sang toujours sur toutes les aubes. Ici le sang répandu est celui d'un Dieu et l'aube sera divine.

Croquis de "bleuet" au lavis

Croquis d'ange

Sur une vieille armoire un crocodile empaillé rit de tous ses crocs méphistophéliques. Une « destinée » passe dans l'obscurité d'une horloge vidée de son cadran. Des livres un peu partout où se lit une vie en ses étapes — ceux des sciences politiques voisinent avec les brochures de guerre et les poètes donnent le ton aux rares romans égarés.

Vous n'êtes austère ni morose, Perret-Carnot, mais votre esprit cherche sans cesse le pourquoi que les menus écrits ne commentent point. Cependant, de vos doigts fuselés vous maniez le crayon sur un portrait de femme dont le charme est exquis. Le soupçon m'effleure que vous l'aristocratisez. — Et je songe au jeton que je viens de voir sur le velours de l'écrin entr'ouvert.

Il est d'un de vos aïeux paternels qui fut vers 1640, porte l'ins-

Portrait de Mme Marcel Vollierme
(crayon rehaussé de sanguine)

Etudes pour un Christ
descendu de croix

cription, vicomte maïeur de Dijon où il reçut le vainqueur de Rocroy. Je traduis : Deux étoiles et un rocher dans le ciel bleu... Ces armes bourgeoises me paraissent un symbole de votre nature solide, de votre forte raison qui monte d'une vitesse égale vers un idéal longuement aperçu. Et si pour vous représenter, ami très cher, ce rocher paraît froid, je pense au Cercy que nous bûmes tout à l'heure, un Cercy pétillant qui vaut presque le Beaune, votre pays natal : quelle chaleur de cœur derrière la froide bouteille ! Vous êtes de même cru, Perret-Carnot, de grand cru, mais s'il intimide d'abord, votre regard très doux bientôt captive...

Je vois encore des toiles de vous : un docteur Faust cherche ici le mot du Macrocosme dans un amas de natures mortes d'une belle couleur. Là, une délicieuse enfant couronnée de carton trône dans un grand cadre sur un peuple de poupées, à son insu doucement autour d'elle la famille s'est rassemblée et on rit, attendri. — Une chambre de malade ruisselle de lumière. — Et voici l'esquisse de cette « Eternelle Mascarade », peinte pour une décoration d'intérieur, que je revois bien en valeur dans une rotonde du Salon des Artistes français de 1920, votre premier « Salon »! Ce succès et ceux qui suivirent ne vous ont point empêché d'ailleurs d'abandonner cette grande « foire kilométrique », pour la formule plus heureuse et mieux adaptée à vos œuvres des expositions particulières.

Il faut me restreindre. Je laisse de côté les fortes et vigoureuses illustrations pour A. France et H. Bordeaux, tant de nobles compositions que j'ai feuilletées dans les cartons et je ne parlerai point de certains dessins rapides et mordants qui ont fait réclamer votre collaboration au nouveau Charivari.

Je me vois ici contraint d'écrire l'affreux « etc. ».

Votre art peut se résumer ainsi : un esprit moderne sur les bases solides de la grande tradition.

Pour que s'affirme une personnalité, il n'est pas nécessaire de s'exprimer par outrances. Quel auteur eut plus de personnalité que Racine? Cet exemple de celui qui fit les « Plaideurs » et « Athalie » vaut ici. Un véritable artiste est renouvelé chaque fois par l'œuvre nouvelle. Il y a en nous plusieurs personnages très divers. L'admirable est de pouvoir les exprimer tour à tour. Le talent est à un point donné de canaliser. Ce que fit Perret-Carnot en ces trois recherches :

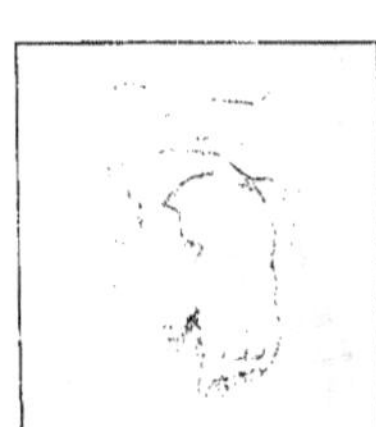

Main d'enfant
(croquis)

Portrait de M. Eugène Marsan
(crayon rehaussé)

1º L'art religieux, dont Camille Pelletan (c'est une référence) disait : « C'est l'art par excellence, il prête tant à l'imagination. » J'énumère : Jeanne aux voix; le Sermon sur la Montagne; la Montée au Calvaire et ce triptyque du Cœur Sacré où l'on voit les pâles sciences humaines s'effacer devant la science qui ne trompe pas, la science de Dieu, immense dessin à la plume lavé d'aquarelle, symbole réaliste, à propos duquel récemment M. Pierre de Landes prononçait le mot de génie.

Allégorie (plume et lavis)

2º Le portrait, c'est-à-dire, un art, non plus psychologique, mais plus attentivement tel. Il y faut un don de la ressemblance qui s'acquiert peut-être, mais pas avec la bonne grâce que je trouve ici. Perret-Carnot en reçut le cadeau de son grand-père paternel qui fit de merveilleux crayons dans son cellier de Pommard où les recueillait qui voulait. Le crayon rehaussé se reproduit mal en noir et pourtant j'eus aimé voir ici telle image inappréciable : le beau front argenté de la mère de l'artiste, penché vers deux belles petites filles à qui elle « raconte » des images. Et certains de ces bijoux : des têtes d'enfants réunies dans le même cadre sous divers aspects; le crayon de l'artiste, souvent si nerveux, si incisif, s'attendrit sans s'amollir pour évoquer ces anges.

3º Le terme de peinture militaire évoque des uniformes astiqués, des batailles peintes en amour des mêlées, minutieusement, ici rien de tel. Il s'agit d'un art humain (le même que dans l'art religieux ou le portrait) appliqué à une époque étrangement humaine et inhumaine, au temps de la grande guerre.

Qu'on réfléchisse à l'état d'âme de ce jeune étudiant laborieux et rêveur, arraché brusquement à la préparation du Prix de Rome (le premier pour le dessin, le second dans les esquisses pour la montée en loge, que d'espérances !), jeté pour six années dans le terrible orage déchaîné sur nous par l'ambition allemande et, il faut bien l'avouer, l'insouciance du gouvernement démocratique français qui, croyant à la paix, ne se préparait pas à la guerre. Il en reviendra un solide combattant, chevronné, décoré, vieux de toutes les expériences humainement possibles. C'est ainsi que purent être publiées ces admirables « Images des Années oubliées », dont l'édition fait honneur à Edmond Bernard, et qui firent déferler

M. René Paul-Huet et sa petite-fille
(crayon rehaussé)

Le Cardinal Mercier (aquarelle)

Portrait de M. le Chanoine Runner
(crayon rehaussé)

sur la table de l'auteur les plus illustres témoignages d'estime avec les bravos les plus autorisés.

Je disais que l'amour du document humain est le lien qui unit les diverses parties de l'œuvre déjà si fertile de M. Perret-Carnot, c'est cette passion qui après l'avoir promené à travers l'Europe, l'a amené à descendre chaque soir les Champs-Elysées pour venir s'entretenir avec les élèves de l'A. B. C. auxquels il s'intéresse de tout son cœur, pour eux-mêmes souvent, et pour les résultats de la méthode qu'il leur commente en compagnie d'une fière pléiade d'artistes.

C'est cette passion qui tout à l'heure rendait si graves ses souriantes prunelles d'or bleu, il m'entretenait du beau portrait du Maréchal Fayolle reproduit ici-même en

Etude

hors-texte, et sa lèvre fine, si expressive, s'animait sous la courte moustache : « Je n'avais pas encore eu l'honneur d'approcher un de ces grands chefs dont la science a été l'école du monde, eh bien, j'ai été ravi de trouver en celui-ci une simplicité antique, une bonté lumineuse et une raison froide qui s'allie parfaitement à une ardeur juvénile. Ce qui m'a le plus frappé, c'est son amour profond du soldat, son souci de sauvegarder la vie humaine. Voilà, je l'avoue, le côté de cette âme multiple que je me suis laissé aller à exprimer, quel beau type du « poilu »! Mais il en est de lui comme de tous les autres poilus français, il faut avoir vécu parmi eux pour les bien comprendre, car ils ne se lisent pas facilement.

«Tenez, ajoutait-il encore, cet admirable Péricard, le légendaire héros de «Debout les morts», dont j'ai eu aussi l'honneur de reproduire les traits, n'est pas ce bourru un peu distant qu'il parait d'abord, c'est l'homme le plus simple, le cœur le plus loyal, le plus chaud!... »

Perret-Carnot, Perret-Carnot, en traçant ces deux portraits, je crois bien que, sans vous en douter, vous m'avez aidé à achever le vôtre!

F. Flamme

La famille de l'artiste (crayon rehaussé)

Geo Roux, par Paul Colin

GEO ROUX
par Louis Gallié

❦

MALGRÉ la complexité du talent de Geo Roux, j'aurais voulu le présenter en quelques lignes.

J'ai, en effet, une préférence pour l'expression concise de la pensée.

Pascal et Tacite sont les deux auteurs qui ont le plus violemment frappé ma sensibilité. Mais je suis un orateur et cette profession m'a habitué à exprimer des pensées avec leurs expressions secondaires. Je n'ai donc pas l'habitude ni la prétention de faire du Pascal.

J'aurais aimé, écrivant une fois sur des œuvres d'art, avoir une sobriété totale. Seulement, en poussant cette idée jusqu'au bout, j'arriverais à l'inutilité d'écrire, la présentation des œuvres elles-mêmes devant tout dire sur leur auteur.

Puisque la curiosité du public moderne veut appuyer son admiration de la connaissance, inutile et qui ne sert qu'à justifier l'existence des critiques, de la vie personnelle de l'auteur, je vais m'exécuter.

Geo Roux est un grand diable tout rasé, poussé bien droit, le teint sans couleur, noir d'œil, de poils en tant qu'il en reste, le masque creusé de rides verticales. Il a l'air dur, on croit qu'il veut mordre, mais deux beaux yeux foncés, grands et doux, disent sa bonté.

Le très beau et ressemblant portrait de Paul Colin, qui est en marge, vous permettra de le reconnaître dans la rue, mieux qu'avec ces quelques lignes.

Je ne vous dirai pas si à l'âge de huit ans il crayonnait déjà des bonshommes sur les murs ; nous le prendrons jeune homme seulement, car il ne faut pas être trop indiscret.

Il entre à l'École nationale des Arts Décoratifs, dont il accomplit le cycle d'études. En même temps il va comme élève libre à l'École nationale des Beaux-Arts où il s'attache plus particulièrement aux leçons d'anatomie.

A-t-il été un élève assidu ? Comme j'espère que sa fille ne lira pas maintenant cet article, je dois dire mon impression : il a dû être extrêmement dissipé.

Il passait une partie de ces journées au Jardin des Plantes. Il était devenu l'ami des animaux et des gardiens. De tout cela, croquis abondants d'animaux, études anatomiques, dessins rectilignes, dessins d'atelier, se constituait, au départ, un solide bagage pour la lutte à entreprendre.

A la sortie de l'École, Geo Roux, comme tous les bons élèves, ou les mauvais, donna un devoir à la Société des Artistes

La marchande de maquereaux (eau-forte)

"Il pleut, bergère", carte pour un baptême montmartrois
(gravure sur bois)

français. C'est une peinture aussi impersonnelle que toutes celles de cette maison. On plaça cette peinture en bas et sous un escalier. Geo Roux comprit qu'on lui demandait de continuer à être un élève plus ou moins appliqué, il avait assez du pédagogue, il voulait produire en homme.

Il s'en alla aux Artistes indépendants. De 1909 jusqu'à la guerre, le public a pu à ce Salon admirer des œuvres de Geo Roux, sincères et solidement dessinées.

La guerre. Pendant cinq ans Geo Roux fit, comme les camarades, son devoir. Dans l'infanterie; puis dans les Sections T. M. il a vécu aux armées. Il y a fait beaucoup de croquis et d'excellents; de la plume et du crayon, il a noté les gens avec, sous leur tenue fine, la déformation professionnelle qui transparaissait pour son œil averti. Où sont les croquis du fringant adjudant gentleman farmer et pharmacien, du capitaine demeuré contremaître sous son képi à trois galons, et ce beau lion, emblème impérieux d'un groupe automobile?

Après ces années d'horreur, Geo Roux, qu'il me permette de le lui dire, semble s'être cherché. Il n'expose plus aux Indépendants, mais il donne au Salon des Humoristes un certain nombre de choses extrêmement comiques. Il produit, dans des genres différents, toute une série d'œuvres dont nous allons parler.

Il quitte le centre de Paris, pour passer peu de temps près de Montparnasse, et aller se fixer enfin en plein Montmartre tout en haut de la rue Lepic, dans l'immeuble en face le Moulin de la Galette.

La joie populaire et violente monte jusqu'à lui sans qu'il s'y mêle. Mais il s'inquiète de la misère des autres, il fonde avec d'autres artistes, la République de Montmartre, qui est avant tout une œuvre de solidarité sociale. Il est l'un des créateurs de cet admirable « Dispensaire des petits Poulbot », dont il demeure le secrétaire.

En face de son Moulin, il regarde par-dessus les ailes, voit la banlieue, la force sombre et puissante des usines de la Courneuve, le labeur des hommes et encore au delà le sommet des arbres avec toute la vie animale qui les entoure.

Toutes les formes de ces vies diverses l'intéressent et c'est ce qui disperse son effort.

De lui vous avez vu sur les murs d'excellentes affiches : l'enfant qui s'ébahit devant le déballage de beaux jouets, la paysanne qui, à la coopérative, s'apprête à acheter de tout, un délicieux catalogue de garage en tryptique.

Pour cette partie de sa production, l'influence, un peu lointaine maintenant, de l'Ecole des Arts décoratifs se fait sentir. Mais on ne saurait faire grief à Geo Roux de ne pas se consacrer tout particulièrement aux dessins de publicité, car on sait bien qu'il y entre un assujettissement commercial, qui n'est point dans le caractère de certains

Les emplettes
aux Halles

"Aux Halles", croquis

"Mouche", chienne pékinoise
(gravure au vernis mou)

artistes, amoureux de la fantaisie, dont il est.

Geo Roux a fait depuis la guerre d'excellentes gravures et par différents procédés, eau-forte, verni mou, bois gravé. Vous avez ici ces trois procédés : « La Marchande de maquereaux », « la Tête de vieillard », sont des eaux-fortes, « Il pleut bergère », gravure sur bois, et le portrait de « Mademoiselle Mouche, chienne pékinoise » en verni mou.

Et bien pensez à ce qu'il faut de travail minutieux et de persévérants efforts pour s'assimiler de façon aussi complète trois techniques entièrement différentes.

Geo Roux, comme graveur, a cherché et trouvé trois expressions différentes. Son indépendante fantaisie n'exclut pas un travail assidu.

Comme dessinateur, vous avez ici deux ou trois croquis, qui vous donneront très nettement aussi une idée de la sûreté de son trait. Regardez son gros vendeur aux Halles et la voiture de chargement qui attend, essayez d'ajouter ou d'enlever un détail; vous verrez qu'avec le minimum de lignes, il a obtenu le maximum d'expression. Mais il obtient davantage lorsqu'il pousse son dessin. Voyez la petite orpheline : c'est un dessin rehaussé d'un tout petit peu de pastel, c'est une admirable chose pleine de mélancolie; toute la médiocrité physique et tout le morne ennui d'une vie abandonnée sont, avec la plus grande simplicité de moyens, rendus vivants à nos yeux.

Vous ne pouvez pas, par les reproductions actuelles, connaître une autre expression du talent de Geo Roux, c'est la peinture. Il y a dans son atelier des paysages, des fleurs et des sujets, à l'huile, enlevés d'une peinture nette, claire, où on sent que le pinceau ne s'est pas repris, que malgré les hésitations ordinaires d'un premier geste, toute la toile a dû être couverte sans retouche avec une sûreté remarquable des valeurs et des accents.

Mais pour Geo Roux la forme, la ligne sont la face essentielle de toutes expressions graphiques, et certainement la couleur quand il peint ne lui parait pas l'élément unique et le dessin reste en premier plan.

Il existe encore toute une série de bien jolies choses de cet artiste si complet. Ce sont ces pages gaies où il s'amuse et qu'il envoit aux Humoristes. Sans méchanceté il note les attitudes et les déforme à peine pour le rire. Voyez son « Chat rieur », c'est de la veine de ses productions comiques. Mais ces œuvres-là sont bien connues du public.

Enfin il faut parler du dessinateur animalier et du peintre animalier. C'est là la création la plus aimée et le goût profond de Geo Roux qu'il a toujours suivi.

Quand il était encore à l'Ecole il pre-

Etude à l'eau-forte

Aux Halles,
vendeur au pavillon de la viande.

nait, pour son plaisir, des croquis des animaux du Jardin des Plantes et, pour notre joie, il a continué.

Voyez l'enseigne pour le cabaret du «Chat rieur», le «Poussin», la « Chienne bull dog », et l'admirable « Mademoiselle Mouche, la chienne pékinoise». Ce qui frappe : chacun de ces animaux a une personnalité. Nous sentons bien qu'il ne s'agit point là d'animaux conventionnels et typés, mais de véritables portraits. Tous ceux qui savent regarder, savent que les animaux ont une originalité. Geo Roux la dégage et la fixe en même temps qu'il leur laisse la vie et le mouvement. C'est actuellement notre seul artiste capable de faire un très complet portrait d'animal. S'il me fallait faire un choix dans son œuvre si complexe, je crois bien que ce sont les productions de l'animalier que je préférerais.

Vous connaissez maintenant les voies si diverses où il s'est engagé. C'est que toutes les formes de la vie l'intéressent et de toutes il note l'aspect.

Pour Geo Roux pas de forme immobile, quand le mouvement ne vient pas de la vie, il vient de la lumière. Il observe d'un regard très aigu la transformation qu'impose à la matière l'effort du moment, l'éclairage de l'instant et, sans convention, loyalement, il la note. Et son œuvre est la vie en mouvement.

Mais, chose toute particulière, cette recherche constante des déplacements des ombres et des éclats ne le conduit pas à l'expression par des masses, par de simples oppositions de valeurs et des accents. Au contraire, c'est par le dessin qu'il obtient son résultat. C'est par la simple ligne qu'il indique la déformation ou plutôt la modification de forme, qui provient de l'éclairage, et la couleur n'est certainement pas sa préocupation constante; pour lui, elle complète le dessin qui est la base de l'expression graphique.

Son dessin a la largeur, la sûreté, l'intensité de vie de celui des grands maîtres, sa peinture note les éclats et les accents des jeux de lumière, et il continue modestement à chercher. On pense, en le fréquentant, aux probes ouvriers qu'étaient les grands artistes de la Renaissance française. Comme chez eux son talent ne sacrifie pas au désir de frapper le public, il est fait avant tout de sincérité. L'artiste doit voir et reproduire. C'est ce qu'il fait et c'est difficile.

La petite orpheline
(dessin)

" Bouboule ",
chienne bouledogue

"Au Chat rieur",
dessin pour un cabaret montmartrois

« LE PONT NEUF »
peinture par Renefer

PEINTURE
par S.-R. Ahü

NATURE MORTE
peinture par A. RAYNOLT

Féerie sous-marine
" LE CERF-VOLANT "
par Louis Bailly

DESSIN REHAUSSÉ
par Malo Renault

" PÉPÉ "
Peinture de Geo. Roux

"UN PARDON EN BRETAGNE"
par Marc Saurel